BEI GRIN MACHT SICH IHR WISSEN BEZAHLT

- Wir veröffentlichen Ihre Hausarbeit, Bachelor- und Masterarbeit

- Ihr eigenes eBook und Buch - weltweit in allen wichtigen Shops

- Verdienen Sie an jedem Verkauf

Jetzt bei www.GRIN.com hochladen und kostenlos publizieren

Daniel Rahn

Lernen in der Grundschule - Spielerisches Lernen

GRIN Verlag

Bibliografische Information der Deutschen Nationalbibliothek:

Die Deutsche Bibliothek verzeichnet diese Publikation in der Deutschen National-
bibliografie; detaillierte bibliografische Daten sind im Internet über http://dnb.d-
nb.de/ abrufbar.

Impressum:

Copyright © 2010 GRIN Verlag GmbH
Druck und Bindung: Books on Demand GmbH, Norderstedt Germany
ISBN: 978-3-640-56205-3

Dieses Buch bei GRIN:

http://www.grin.com/de/e-book/146989/lernen-in-der-grundschule-spielerisches-
lernen

GRIN - Your knowledge has value

Der GRIN Verlag publiziert seit 1998 wissenschaftliche Arbeiten von Studenten, Hochschullehrern und anderen Akademikern als eBook und gedrucktes Buch. Die Verlagswebsite www.grin.com ist die ideale Plattform zur Veröffentlichung von Hausarbeiten, Abschlussarbeiten, wissenschaftlichen Aufsätzen, Dissertationen und Fachbüchern.

Besuchen Sie uns im Internet:

http://www.grin.com/

http://www.facebook.com/grincom

http://www.twitter.com/grin_com

Johann Wolfgang Goethe Universität
Frankfurt am Main
Fachbereich 04/Erziehungswissenschaften

Seminar (WS, 2009/10): Aspekte von Bildung und Lernen in Vor- und Grundschule

Ausarbeitung des Referats zum Thema:
Lernen in der Grundschule:
Spielerisches Lernen

Daniel Rahn

Inhaltsverzeichnis

1. Einleitung

Um sich mit dem Thema des spielenden Lernens auseinandersetzen zu können, gilt es, die doch sehr schwierig zu beantwortenden Fragen zu stellen, was denn überhaupt spielendes Lernen ist, wo es stattfindet und welchen Sinn es hat – oder auch nicht hat? Der Begriff „spielendes Lernen" enthält in sich schon einen Widerspruch, wie Rolf Oerter konstatiert. Denn Lernen ist Mittel zum Zweck und zielt auf ein Ergebnis ab[1], zudem wird es meist von Außen gesteuert. Spielen dagegen dient dem Zweck seiner selbst[2], geschieht meist aus eigener Motivation und kann jederzeit beendet werden, was beim Lernen nicht unbedingt der Fall ist. Der Vorteil des Spielens liegt darin, dass der Spielende lernen kann ohne dies zu wissen und somit eventuelle negative Lernerfahrungen vermieden werden können[3].

Es gibt jedoch keine eindeutige wissenschaftliche Definition des Spielbegriffs[4], was eine Beschreibung und Erklärung des Spiels stark erschwert. Die Bestimmung einer allgemeingültigen Definition wird evtl. dadurch erschwert, dass Spiele einen unvorhersehbaren Verlauf nehmen können, Themen verbinden können, die auf den ersten Blick als unvereinbar betrachtet werden[5], an jedem beliebigen Ort und zu jeder beliebigen Zeit stattfinden können und meistens etwas mit Bewegung und vor allem mit Fantasie zu tun haben. Spielen kann als Interaktionsform mit Objekten und Personen in der Umwelt des Spielenden angesehen werden[6].

Der amerikanische Reformpädagoge John Dewey (1859-1952) forderte schon 1916 in seinem Buch „Demokratie und Erziehung" die Einbeziehung von Spiel und Arbeit als Beschäftigungsform in der Schule. Dem Spiel kommt hierbei laut Dewey eine wichtige soziale und kognitive Funktion zu, und es dient nicht nur dem Zeitvertreib und Vergnügen[7].

> *„Spiel und Arbeit entsprechen in allen Punkten der ersten Stufe des Erkennens (...), die darin besteht, dass man lernt irgend etwas zu tun, und aus diesem Tun heraus mit gewissen Dingen vertraut wird."[8]*

---

[1] Rolf Oerter, „Spielendes Lernen, gibt es das?" In: Praxis Schule 5-10 4/1996, S. 6ff
[2] Ebenda.
[3] Ebenda.
[4] Ulrich Heimlich, „Einführung in die Spielpädagogik" – Eine Orientierungshilfe für sozial-, schul- und heilpädagogische Arbeitsfelder, 2. Auflage, Julius Klinkhardt Verlag, Bad Heilbrunn/OBB., 2001, S.17
[5] Ebenda.
[6] Ebenda. S. 19 (nach Elke Calliess)
[7] Ebenda.
[8] John Dewey, „Demokratie und Erziehung", Nachdruck 3. Auflage, Braunschweig, Westermann Verlag 1964, Weinheim, Beltz 1993, S. 259

So entsteht laut Dewey der Lernprozess , da das Denken aus dem Tun entspringt[9].

Der Sinn und die Wichtigkeit des Spielens allgemein besteht darin, dass über das Spiel bemerkt wird, dass man mit seinen Aktivitäten selbst etwas bewirken kann, denn die selbst gewählte Tätigkeit ist der erste Schritt zum Spiel[10].

> *„Spiel ist dem Kind so ernst wie die Arbeit dem Erwachsenen...,ernst insofern als das es seine ganze Aufmerksamkeit beansprucht und in diesem Moment die einzige existierende Wirklichkeit ist."*[11]

Man kann also festhalten, dass das Spiel mehreren Zwecken dienlich seien kann. Es kann der Fantasiebildung, der Selbstkontrolle dienlich sein, aber auch der Aneignung sozialer Normen und der aktiven Auseinandersetzung mit der Umwelt. Spielen sollte allerdings auf keinen Fall zwingend sein,

> *„Denn, um es endlich auf einmal herauszusagen, der Mensch spielt nur, wo er in voller Bedeutung des Worts Mensch ist, und er ist nur da ganz Mensch, wo er spielt. Dieser Satz [...] wird [...] eine große Bedeutung erhalten [...]; er wird, ich verspreche es Ihnen, das ganze Gebäude der ästhetischen Kunst und der noch schwierigern Lebenskunst tragen".*[12]

Unter anderem erkannte auch schon Maxim Gorki die große Bedeutung des Spiels für die Kinder und schrieb:

> *„Das Spiel ist der Weg der Kinder zur Erkenntnis der Welt, in der sie Leben!"*[13]

Im folgenden Teil möchte ich mich der Frage widmen, ob und in wieweit spielendes Lernen zu beobachten ist und ob gesagt werden kann, an welcher Stelle das Lernen vonstatten ging?

---

[9] Ulrich Heimlich, „Einführung in die Spielpädagogik" – Eine Orientierungshilfe für sozial-, schul- und heilpädagogische Arbeitsfelder, 2. Auflage, Julius Klinkhardt Verlag, Bad Heilbrunn/OBB., 2001, S.19
[10] Ebenda. S. 21
[11] Ebenda. S. 17, nach John Dewey
[12] Friedrich Schiller, „Über die ästhetische Erziehung des Menschen", Stuttgart, Reclam Universal-Bibliothek, 1986, S. 63
[13] Ulrich Heimlich, „Einführung in die Spielpädagogik" – Eine Orientierungshilfe für sozial-, schul- und heilpädagogische Arbeitsfelder, 2. Auflage, Julius Klinkhardt Verlag, Bad Heilbrunn/OBB., 2001, S. 59, nach Maxim Gorki

2. Ob und in wieweit kann spielendes Lernen beobachtet werden und kann gesagt werden an welcher Stelle das Lernen vonstatten ging?

Um auf diese Frage antworten zu können, habe ich im Rahmen einer Felderkundung im „EKT – Elfenland" - einem Kinderladen unter privater Trägerschaft - in Berlin Kinder beim Spielen beobachtet und versucht zu erkennen, wann und ob etwas gelernt wurde. Dazu habe ich vier Beispiele von vier verschiedenen Kindern ausgewählt, die im weiteren Verlauf beschrieben werden und ich werde versuchen das Spiel der Kinder zu charakterisieren und auf das möglicher Weise Gelernte einzugehen.

2.1 Feline, ein Jahr und acht Monate

Feline ist im Rahmen der Eingewöhnungsphase in der zweiten Woche begleitet von einem Elternteil im Kinderladen. Sie hat sich etwas an die neue Umgebung, die fremden Kinder und die Lautstärke gewöhnt, ist jedoch immer noch schüchtern und spricht kaum ein Wort. Feline malt sehr gerne und spielt ebenso gern mit ihrer Puppe und deren Tasche, in welcher sie einige kleine Dinge für ihre Puppe hat. Sie spielt auch schon teilweise mit den anderen Kindern und gibt auch zu erkennen, was und wen sie mag und was nicht bzw. wer oder was sie überfordert. Der Vater, der in der Eingewöhnungsphase immer anwesend ist, ist für sie ein wichtiger Rückzugspunkt, da er ja „DIE" Bezugperson in diesem Augenblick ist. Des öfteren kehrt sie von den verschiedenen Spielsituationen zurück, und es entsteht der Eindruck immer dann, wenn sie mit der Situation überfordert ist oder sich in der Umgebung von anderen Kindern (noch) unsicher fühlt. Das Ziel der Eingewöhnungsphase ist es u.a., dass sich die Kinder an die neue Umgebung, den veränderten Tagesablauf und vor allem an die fremden Kinder und ErzieherInnen gewöhnen sollen. Hierzu wird der jeweilige Elternteil von Tag zu Tag länger aus dem Raum gehen, sodass Feline die Eltern nicht mehr in der unmittelbaren Umgebung hat. Somit soll erreicht werden, dass sie zu ihrer Bezugserzieherin eine emotionale Bindung aufbauen kann. Diese Erzieherin ist in den ersten Tagen hauptsächlich für Feline da, begleitet sie, spielt mit ihr und versucht, ihre Signale zu deuten, um ihr ein hohes Maß an emotionalem Wohlbefinden zu ermöglichen und ihrerseits eine Beziehung zu ihr aufzubauen.

Beim Spielen fällt auf, dass, wenn Feline sich unsicher gefühlt oder ihr etwas nicht gefallen hat, als sie mit den anderen Kindern spielte, zu ihrer Bezugserzieherin gegangen ist, wenn keiner von den Eltern anwesend war. Man könnte also davon ausgehen, dass sie gelernt hat, dass man auch anderen Menschen vertrauen kann, wenn diese einem Zuneigung, Sicherheit und Halt bieten. Ebenso könnte sie etwas über den Aufbau sozialer Kontakte und über sich und ihr Wirken auf andere gelernt haben.

Ich sage bewusst „könnte", da Kognitionsprozesse im Innern stattfinden und nicht direkt zu beobachten sind. In solchen Fällen spricht man von hypothetischen Konstrukten, da nicht direkt beobachtbare Merkmale und Prozesse aus den beobachtbaren Verhaltensweisen erschlossen werden. Bei hypothetischen Konstrukten handelt es sich um wissenschaftliche, auf theoretischen Annahmen oder Hypothesen beruhenden Konstruktionen[14]. Dies trifft auch auf die folgenden drei Beispiele zu.

2.2 Franca, drei Jahre und sieben Monate

In der Kuschelecke beginnt Franca mit einem Spielzeugtelefon zu spielen und tut so als ob sie jemanden anruft. Sie spricht offensichtlich mit ihrer Oma und fragt sie, was sie denn zu Essen gekocht hat bzw. ob sie auch Schokolade gekauft hat. Nach dem „Telefonat" geht sie zu einigen anderen Kindern, die sie auffordert auch mit ihrer Oma zu telefonieren. Einige der Kinder machen bei diesem Spiel mit. Franca bemüht sich, dass die Kinder, die mit ihrer Oma telefonieren, sie ebenso fragen, was sie gekocht und ob sie Schokolade gekauft hat. Franca scheint zufrieden zu sein, wenn die Kinder die Fragen gestellt haben, fragt dann aber zur Sicherheit noch einmal bei ihrer Oma nach.

Es handelt sich hierbei um ein Rollenspiel, da Franca sich in eine Situation hineindenkt und so tut als ob sie mit ihrer Oma telefoniert. Außerdem könnte es durchaus möglich sein, dass sie beispielsweise ihre Mutter nachahmt und sich somit in sie bzw. ihr Rolle hineinversetzt.

Es lassen sich allerdings auch Ansätze eines Regelspiels erkennen, denn die Kinder sollten sich ja nach Möglichkeit an die Fragevorgaben Francas beim Gespräch mit der Oma halten. Ein Lernen vom Einhalten bestimmter „Vorschriften" oder vom sich an Regeln halten, kann ebenso vermutet werden. Das Rollenspiel kann eine Möglichkeit sein, sich selbst zu entdecken und kann als eine Art Wechselwirkung von Nachahmung und Identität angesehen

---

[14] vgl. Peter Köck & Hanns Ott, „Wörterbuch für Erziehung und Unterricht", Ludwig Auer Verlag, Donauwörth, 1994, S. 308, sowie Reinhard Brunner & Wolfgang Zeltner, „Lexikon zur pädagogischen Psychologie und Schulpädagogik", Ernst Reinhart Verlag, München/Basel, 1980, S. 120f

werden[15]. Nach Ulrich Heimlich wird erst mit der Übernahme von Rollen ein Bild von sich selbst entwickelt und Eindrücke wahrgenommen, die andere von einem haben[16].

2.3 Elias, drei Jahre und acht Monate

Elias spielt intensiv an einem Tisch sitzend mit einem „matchbox"-Auto und erkundet dies über mehr als fünfzehn Minuten. Er macht alle Türen, den Kofferraum und die Motorhaube auf. Er wirkt sehr beschäftigt und in sein Spiel vertieft. Des weiteren probiert er alle Möglichkeiten aus, wie er das Auto bewegen kann und wie gut oder weniger gut es sich auf verschiedenen Bodenbelegen fahren lässt. Hierfür hat er sich erst auf den Stuhl gekniet und sich dann auf den Boden gesetzt. An diesem Beispiel wird - wie eingangs bereits erwähnt - deutlich, dass spielen etwas mit Bewegung zu tun hat.

Elias spielt so aufmerksam und wirkt sehr zufrieden, dass er sich selbst von anderen Kindern, die ihn ansprechen um mitzuspielen, nicht aus der Ruhe bringen lässt - ja sie sogar komplett ignoriert. Oder war er evtl. sogar so in sein Spiel versunken, dass er sie gar nicht wahrgenommen hat?

Doch was hat er hier gelernt? Vielleicht hat er das Spielzeugauto kennen gelernt, oder gelernt, auf jedes Detail zu achten, um sich ein genaueres Bild über Beschaffenheit, Funktion und den sich daraus ergebenden Möglichkeiten zu machen. Man kann es nicht genau sagen, ob oder wenn ja was er gelernt hat. Vielleicht hat er aber auch gar nichts gelernt und einfach „nur" gespielt.

Beim Bauen mit Holzklötzen ist er allerdings ebenso engagiert, wie zuvor beim Spielen mit dem Auto. Der Turm, den er gebaut hat, ist etwas höher als er, und er hat bemerkt, dass ein Holzklotz in der unteren Hälfte schief verbaut wurde. Elias baut den Turm soweit ab, dass er den schief eingebauten Klotz gerade einsetzen kann. Dies geschieht sehr vorsichtig, vielleicht weil er weis, dass der Turm nun instabil ist und leichter umfallen kann. Schließlich ist der Turm wieder aufgebaut, nun allerdings ohne schief eingesetztem Stein.

Elias könnte erste mathematische, naturwissenschaftliche, statische Erfahrungen gesammelt und gelernt haben. Ganz im Sinne des „Lernens am Modell" nach Albert Bandura[17] könnte er

---

[15] Ulrich Heimlich, „Einführung in die Spielpädagogik" – Eine Orientierungshilfe für sozial-, schul- und heilpädagogische Arbeitsfelder, 2. Auflage, Julius Klinkhardt Verlag, Bad Heilbrunn/OBB., 2001, S. 36
[16] Ebenda. S. 37
[17] Dr. Frank Borsch, „Psychologie Reader Sommersemester 2009", Seminar: Psychologische Grundlagen von Erziehung, Bildung und Unterricht, S. 45

allerdings auch beobachtete Situationen nachgeahmt und/oder reproduziert haben. Im allgemeinen kann die Spielsituation mit den Holzklötzen dem Konstruktionsspiel zugeordnet werden, da hier eine konstruierende Tätigkeit ausgeübt wurde, in der nicht die technischen, gestalterischen oder ästhetischen Details im Vordergrund stehen, sondern die rein kreative Entwicklung und Gestaltung[18].

2.4 Eleni, vier Jahre und elf Monate

Eleni spielt im Sandkasten mit Eimer, Buddelformen, Wasser und Sand. Sie befüllt den Eimer mit Sand und Wasser und füllt den nassen Sand immer wieder in verschiedene Buddelformen um, transportiert diese und erforscht so, wie sich das Material in verschiedenen Formen verhält und welche Kapazität die verschiedenen Formen aufweisen, wenn der nasse Sand hinein gefüllt wird. Sie könnte so etwas über Volumen von Körpern und grundlegende mathematische Gesetzmäßigkeiten erfahren bzw. lernen.

Auch Eleni könnte durch Nachahmung, z.B. beim Plätzchen backen oder beim Einkaufen, wo man ja auch verschiedene Dinge in Behälter packt oder umpackt wenn der Behälter zu klein sein sollte, die Situation nachspielen. Wenn man also nun davon ausgeht, dass dies ihr Beweggrund war, dann würde wiederum eine Art Rollenspiel vorliegen, in denen allerdings auch mathematisch-physikalische Erfahrungen gemacht werden könnten.

In den Spielsituationen von Franca, Eleni und Elias vollzog sich das Lernen, so es denn vonstatten ging, eher beiläufig (Inzidentelles Lernen) neben dem eigentlichen Spiel[19], während die Situation bei Feline nicht ganz so eindeutig ist. Sie hat zwar ebenso „beiläufig" gelernt, dass man auch anderen Personen vertrauen kann wenn diese einem Schutz, Zuneigung und Geborgenheit bieten, jedoch war diese beiläufige Lernsituation gewissermaßen erzwungen, da die Eltern Tag für Tag länger aus dem Raum gehen sollten, damit Feline sich an die neue Situation und die fremden Personen gewöhnen kann. Das Lernen war mehr oder weniger durch eine Instruktion gefordertes absichtliches Lernen (Intentionales Lernen)[20].

---

[18] Ulrich Heimlich, „Einführung in die Spielpädagogik" – Eine Orientierungshilfe für sozial-, schul- und heilpädagogische Arbeitsfelder, 2. Auflage, Julius Klinkhardt Verlag, Bad Heilbrunn/OBB., 2001, S. 37
[19] Rolf Oerter, „Spielendes Lernen, gibt es das?" In: Praxis Schule 5-10 4/1996, S. 6ff
[20] Ebenda.

3. Schlussbemerkungen

Das schwierige an den Beobachtungen, die im Rahmen der Felderkundung getätigt wurden, ist zu sagen wann, ob und was gelernt wurde. Um solche Aussagen treffen zu können, müsste man über einen sehr viel längeren Zeitraum Beobachtungen durchführen und sich vermutlich eher auf ein Kind konzentrieren, damit man eine möglichst genaue Aussage über das Lernen des Kindes treffen kann.

Wichtig für das spielerische Lernen ist jedoch immer die freie Wahl, intrinsische Motivation[21] und das Spiel um seiner Selbst willen ohne ein bestimmtes Ziel zu haben[22]. Dies gilt für alle Arten von Spiel, egal ob sensumotorisches Spiel, Symbol-, Regel-, Konstruktions-, Rollen- oder Lernspiel. Dem Spiel kommen dabei multidimensionale Aspekte wie emotionale, kognitive, soziale und sensumotorische Aspekte zu[23]. Gisela Kammermeyer schreibt dem Lernen im Spiel eine entscheidende Funktion zu, denn durch Spielen werden zentrale Fähigkeiten wie Sprache und Motorik gelernt und sich in Grundformen mit der Umwelt auseinandergesetzt[24]. Laut Wolfgang Einsiedler können jedoch keine kurzfristigen Lernerfolge beim Lernen im Spiel erwartet werden[25], da die Lernprozesse – wie bereits oben erwähnt – beiläufig stattfinden. Die Spielfreude, nicht das Lernziel sollte dabei allerdings immer im Vordergrund stehen, denn mit der Spielfreude werden die Bedingungen für die Lernziele geschaffen[26].

Spielen dient unter anderem auch der Entwicklung der Aufmerksamkeit, Selbständigkeit, Arbeitshaltung und sozialer Kontakte[27]. Außerdem wirkt sich das Lernen im Spiel positiv auf die Persönlichkeitsentwicklung aus und dient dieser auch[28].

Spielen erfüllt allerdings auch andere wichtige Funktionen, die die Grundlagen für eine erfolgreiche Sozialisation bilden können. Selbstdisziplin wäre eine dieser Funktionen, denn

---

[21] Gisela Kammermeyer, „Lernen im Spiel", in: Wolfgang Einsiedler et al. (Hrsg): Handbuch Grundschulpädagogik und Grundschuldidaktik, Klinkhardt Verlag, Bad Heilbrunn, 2005, S. 415
[22] Rolf Oerter, „Spielendes Lernen, gibt es das?" In: Praxis Schule 5-10 4/1996, S. 6ff
[23] Ulrich Heimlich, „Einführung in die Spielpädagogik" – Eine Orientierungshilfe für sozial-, schul- und heilpädagogische Arbeitsfelder, 2. Auflage, Julius Klinkhardt Verlag, Bad Heilbrunn/OBB., 2001, S. 53
[24] Gisela Kammermeyer, „Lernen im Spiel", in: Wolfgang Einsiedler et al. (Hrsg): Handbuch Grundschulpädagogik und Grundschuldidaktik, Klinkhardt Verlag, Bad Heilbrunn, 2005, S. 414
[25] Wolfgang Einsiedler, „Zum Verhältnis von Lernen im Spiel und intentionalen Lehr-Lern-Prozessen", in: Unterrichtswissenschaft, 17, 291-308, 1989
[26] Gisela Kammermeyer, „Lernen im Spiel", in: Wolfgang Einsiedler et al. (Hrsg): Handbuch Grundschulpädagogik und Grundschuldidaktik, Klinkhardt Verlag, Bad Heilbrunn, 2005, S. 417
[27] Ebenda. S. 416
[28] Ebenda. S. 417

das sich an Regeln und Vorschriften halten[29] oder das Gefühl zu ertragen, dass es jemanden gibt der in irgendeinem Spiel besser ist – und auch sein kann – erfordert ein enormes Maß an Selbstdisziplin.

Als weitere wichtige Lernfunktion im Spiel wäre soziales Lernen zu nennen. Hierbei sollte ein Gleichgewicht zwischen Egoismus und Solidarität entstehen und u.a. das Verhalten und das richtige Umgehen in Gewalt-, Angst- oder Streitsituationen gelernt werden.

Spielerisches Lernen dient also u.a. hauptsächlich der Persönlichkeitsentwicklung, der Selbstkontrolle/disziplin und entspringt der intrinsischen Motivation sich aktiv mit der Umwelt und den Personen in seinem Umfeld auseinander zusetzen. Zur Lernmotivation schreibt Hermann Krings, dass sie nicht aus Ansporn zu einer Leistung oder Qualifikation entspringt, sondern aus Lust zu erfinden, zu entdecken, etwas selbst zu tun oder darzustellen[30]. Außerdem kann man durch Spielen gesellschaftlich oder individuell erwünschte Kenntnisse, Verhaltensweisen oder Fertigkeiten einüben oder sich aneignen[31], oder bestimmte Rollenbilder annehmen. Der Focus des spielerischen Lernens liegt auf Lernen, jedoch darf man nicht vergessen oder gar den Versuch unternehmen zu verhindern, dass das Lernen spielerisch erfolgen soll[32]. Denn wenn spielerisch gelernt wird, entfällt eine gewisse Lernanstrengung[33]. Allerdings muss trotzdem immer ein gewisses Maß an Leistung erbracht werden - völlig gleich welcher Art und Weise - um zu spielen und dann daraus Lernen zu können[34].

---

[29] Rolf Oerter, „Spielendes Lernen, gibt es das?" In: Praxis Schule 5-10 4/1996, S. 6ff
[30] Hermann Krings, „Lernendes Spielen - Spielendes Lernen", in „Lernendes Spielen – Spielendes Lernen", Frommberger, Freyhoff, Spies (Hrsg.), Auswahl Reihe B 86, Schroedel, Hannover, 1976, S. 17
[31] Ebenda. S. 11
[32] Ebenda. S. 10
[33] Ebenda. S. 11
[34] erarbeitet aus Ebenda. S. 13

4. Literaturverzeichnis

- Borsch, Dr. Frank; „Reader: Psychologische Grundlagen von Erziehung, Bildung und Unterricht Sommersemester 2009"; Seminar: Psychologische Grundlagen von Erziehung, Bildung und Unterricht; Fachbereich 05, Goethe Universität, Frankfurt am Main
- Brunner, Reinhard; „Lexikon zur pädagogischen Psychologie und Schulpädagogik"; Ernst Reinhart Verlag, München/Basel, 1980
- Dewey, John; „Demokratie und Erziehung"; Nachdruck 3. Auflage, Braunschweig, Westermann Verlag 1964; Beltz Verlag, Weinheim, 1993
- Einsiedler, Wolfgang; „Zum Verhältnis von Lernen im Spiel und intentionalen Lehr-Lern-Prozessen"; in: Unterrichtswissenschaft, Nr. 17, 1989
- Frommberger, Herbert (Hrsg.); „Lernendes Spielen – Spielendes Lernen"; Auswahl Reihe B 86, Schroedel, Hannover, 1976
- Heimlich, Ulrich; „Einführung in die Spielpädagogik" – Eine Orientierungshilfe für sozial-, schul- und heilpädagogische Arbeitsfelder; 2. Auflage, Julius Klinkhardt Verlag, Bad Heilbrunn/OBB., 2001
- Kammermeyer, Gisela; „Lernen im Spiel"; in: Wolfgang Einsiedler et al. (Hrsg): Handbuch Grundschulpädagogik und Grundschuldidaktik; Julius Klinkhardt Verlag, Bad Heilbrunn, 2005
- Krings, Hermann; „Lernendes Spielen - Spielendes Lernen"; in „Lernendes Spielen – Spielendes Lernen"; Frommberger, Freyhoff, Spies (Hrsg.); Auswahl Reihe B 86, Schroedel, Hannover, 1976
- Köck, Peter; „Wörterbuch für Erziehung und Unterricht"; Ludwig Auer Verlag, Donauwörth, 1994
- Oerter, Rolf; „Spielendes Lernen, gibt es das?"; In: Praxis Schule 5-10 4/1996, S. 6-9; auf: http://home.foni.net~kahlund/siu05.htm
- Ott, Hanns; „Wörterbuch für Erziehung und Unterricht"; Ludwig Auer Verlag, Donauwörth, 1994
- Schiller, Friedrich; „Über die ästhetische Erziehung des Menschen"; Reclam Universal-Bibliothek, Stuttgart, 1986
- Zeltner, Wolfgang; „Lexikon zur pädagogischen Psychologie und Schulpädagogik"; Ernst Reinhart Verlag, München/Basel, 1980

5. Internetverzeichnis

- http://home.foni.net~kahlund/siu05.htm ; Zugriff: 17.02.2010